HAVE A BREAK
AND READ A STORY

HAVE A BREAK AND READ A STORY

Literarische Erfrischungen für zwischendurch

Herausgegeben von
Johannes Thiele

THIELE

HALT!

Halt! Bleiben Sie stehen und hören Sie,
was für eine erstaunliche Geschichte.
Ich weiß nicht einmal, mit welchem Ende
ich anfangen soll. Es ist einfach unwahr-
scheinlich.

DANIIL CHARMS

AUF DER DURCHREISE

Ein Reisender darf in einem Kloster bei Kartäusermönchen übernachten. Er ist sehr erstaunt über die spartanische Einrichtung ihrer Zellen und fragt die Mönche: »Wo habt Ihr Eure Möbel?«

Schlagfertig fragen die Mönche zurück: »Ja, wo haben Sie denn Ihre?«

»Meine?« erwidert darauf der Reisende verblüfft. »Ich bin ja nur auf der Durchreise hier!«

»Eben«, werfen da die Mönche ein, »das sind wir auch.«

DER GLÜCKLICHE FLUSS

Der Vicomte de Corbière war so faul, dass er ohne Zwang überhaupt nie aufgestanden wäre. Nun war er aber Minister und musste demnach an verschiedenen Sitzungen teilnehmen. Einmal wurde von der Kanalisation eines Flusses gesprochen, und da erklärte ein Ingenieur, es bestehe gar keine Gefahr, der Fluss habe noch nie sein Bett verlassen.

»Der Glückliche!« seufzte Corbière.

DAS ABER

Ein Schüler kam zu einem weisen Mann. »Meister«, sprach er mit schleppender Stimme, »das Leben liegt wie eine Last auf meinen Schultern. Es drückt mich zu Boden, und ich habe das Gefühl, unter dem Gewicht zusammenzubrechen.«

Der Meister sagte mit liebevollem Blick: »Das Leben ist leicht wie eine Feder.«

»Bei aller Demut, aber das ist ein Irrtum. Denn ich spüre mein Leben wie eine Last von tausend Pfunden auf mir. Sag mir, was kann ich tun?«

»Wir sind es selbst, die uns Last auf unsere Schultern laden«, sagte der Meister.

»Aber ...«, wollte der Schüler einwenden.

Der Meister hob die Hand: »Dieses ›Aber‹, mein Lieber, wiegt allein tausend Pfund.«

DER HOLZFÄLLER

Ein Mann geht im Wald spazieren. Nach einer Weile sieht er einen Holzfäller, der hastig und sehr angestrengt dabei ist, einen auf dem Boden liegenden Baumstamm zu zerteilen. Er stöhnt und schwitzt und scheint viel Mühe mit seiner Arbeit zu haben.

Der Spaziergänger geht etwas näher heran, um zu sehen, warum die Arbeit für den anderen so schwer ist. Schnell erkennt er den Grund und sagt zu dem Holzfäller: »Guten Tag. Ich sehe, dass Sie sich Ihre Arbeit unnötig schwer machen. Ihre Säge ist ja ganz stumpf ... warum schärfen Sie sie denn nicht?«

Der Holzfäller schaut nicht einmal hoch, sondern zischt durch die Zähne: »Dazu fehlt mir die Zeit, ich hab hier noch viel zu sägen!«

BILANZ

Am Heiligen Abend zogen der Wanderer und seine Frau Bilanz des zur Neige gehenden Jahres. Während des Abendessens in einem Restaurant in einem Pyrenäendorf beklagte sich der Wanderer über etwas, das nicht so gelaufen war, wie er es sich vorgestellt hatte.

Die Frau starrte auf den Weihnachtsbaum, der das Restaurant schmückte. Der Wanderer glaubte, sie sei nicht länger an diesem Gespräch interessiert, und wechselte das Thema.

»Wie schön die Lichter dieses Baumes sind«, sagte er.

»Das stimmt«, antwortete die Frau. »Doch wenn du genau hinsiehst, dann wirst du unter den Dutzenden von Lämpchen eines entdecken, das durchgebrannt ist. Mir scheint, dass du, anstatt das Jahr als eine Reihe von Segnungen zu sehen, die es haben leuchten lassen, nur auf das einzige Lämpchen starrst, das nichts zum Leuchten gebracht hat.«

PAULO COELHO

DER RASTLOSE MANN

Es lebte ein Mann, der war ein sehr tätiger Mann und konnte es nicht übers Herz bringen, eine Minute seines wichtigen Lebens ungenützt vorüber zu lassen.

Wenn er in der Stadt war, so plante er, in welchen Badeort er reisen werde. War er im Badeort, so beschloss er einen Ausflug nach Marienruh, wo man die berühmte Aussicht hat. Saß er dann auf Marienruh, so nahm er den Fahrplan her, um nachzusehen, wie man am schnellsten wieder zurückfahren könne. Wenn er im Gasthof einen Lammbraten verzehrte, studierte er während des Essens die Speisekarte, was man nachher nehmen könne. Und während er den langsamen Wein des Gottes Dionysos hastig hinuntergoss, dachte er, dass bei dieser Hitze ein Glas Bier wohl besser gewesen wäre.

So hatte er niemals etwas getan, sondern immer nur ein Nächstes vorbereitet. Und als er auf dem Sterbebett lag, wunderte er sich sehr, wie leer und zwecklos doch eigentlich dieses Leben gewesen war.

VICTOR AUBURTIN

DER SCHWIERIGE KAMPF

Als ein Zen-Meister erfährt, dass einer seiner Schüler seit drei Tagen nichts gegessen habe, fragt er ihn nach den Gründen für sein Fasten.

»Ich versuche, gegen mein Ich zu kämpfen«, erklärt der Schüler mit einem gewissen Stolz.

»Das ist schwierig«, sagt er Meister und schüttelt den Kopf. »Und es muss noch schwieriger sein mit einem leeren Magen.«

AUS JAPAN

DIE LÖSUNG

Ein Schüler geht zu seinem Rabbi und sagt: »Ich habe nachgedacht und eine Entscheidung gefüllt. Ich habe beschlossen zu sterben.«

»Das ist keine Lösung«, sagt der Rabbi zu ihm.

Der junge Mann geht fort. Eine Woche später findet er sich wieder ein und sagt:

»Rabbi, du hattest recht. Ich habe nachgedacht und beschlossen zu leben.«

»Das ist keine Lösung«, sagt der Rabbi zu ihm.

»Vor einer Woche hast du mir gesagt, dass Sterben keine Lösung sei«, sagt der Schüler. »Und jetzt sagst du, Leben sei keine Lösung. Was ist denn die Lösung?«

»Es gibt keine Lösung«, sagte der Rabbi.

AUS DEM JUDENTUM

DER VATER

Zu Mark Twain kam einmal ein Siebzehnjähriger und erklärte: »Ich versteh mich mit meinem Vater nicht mehr. Jeden Tag Streit. Er ist so rückständig und hat keinen Sinn für moderne Ideen. Was soll ich machen? Ich laufe aus dem Haus!«

Mark Twain antwortete: »Junger Freund, ich kann Sie gut verstehen. Als ich siebzehn Jahre alt war, war mein Vater genauso ungebildet. Es war kein Aushalten. Aber haben Sie Geduld mit so alten Leuten; sie entwickeln sich langsamer. Nach zehn Jahren, als ich siebenundzwanzig war, hatte er soviel dazugelernt, dass man sich schon ganz vernünftig mit ihm unterhalten konnte. Und was soll ich Ihnen sagen? Heute, wo ich siebenunddreißig bin – ob Sie es glauben oder nicht –, wenn ich keinen Rat weiß, dann frage ich meinen alten Vater. So können die sich ändern!«

EINE LIEBESGESCHICHTE

Sie haben sich verlassen, gestritten, gelangweilt, geliebt, getroffen und jetzt kennen sie sich nicht mehr.

ROLAND TOPOR

DIE PORZELLANFIGUREN

Ein Antiquitätenhändler bot fünf Porzellanfiguren an unter dem Titel »Die fünf Sinne«. Eine wurde verkauft.

Der Händler änderte das Schild: »Die vier Elemente.« Eine wurde verkauft.

Der Händler schrieb: »Die drei Grazien«. Eine wurde verkauft.

Der Händler empfahl: »Tag und Nacht«. Der Tag ging weg, und die Nacht wurde: »Einsamkeit«.

AUS ENGLAND

DER TRAUM DES SCHMETTERLINGS

Tschung-Tse erzählt folgende Geschichte: Ein Mann träumt, er sei ein Schmetterling. Leicht fliegt er von Blume zu Blume, er öffnet und schließt seine Flügel, ohne die geringste Erinnerung an sein menschliches Dasein.

Als er aufwacht, bemerkt er erstaunt, dass er ein Mensch ist. Doch er fragt sich: Bin ich wirklich ein Mensch, der geträumt hat, ein Schmetterling zu sein? Oder ein Schmetterling, der träumt, ein Mensch zu sein?

Er wird niemals eine Antwort auf diese Frage finden.

AUS CHINA

DER WUNSCH

Haben Sie noch einen Wunsch?«, fragte der Kellner den Gast, als er den Teller und das Besteck abräumte.

»Ja«, sagte der Gast, »einen Cognac Napoléon, eine Villa am Zürichberg, einen Bentley und eine Frau, mit der man Pferde stehlen kann.«

»Das ist ein bisschen viel auf einmal«, sagte der Kellner, »aber wir werden sehen, was wir tun können.«

Und als er wenig später den Cognac servierte, wurde er von einem Notar begleitet, der eine Schenkungsurkunde für eine Villa in der Krönleinstraße mit einem Bentley in der Garage bei sich hatte. Der Gast bedankte sich und trank einen Schluck, da setzte sich eine Frau mit blitzenden

Augen an seinen Tisch und stellte sich als bekannte Pferdediebin vor.

Bevor sie zusammen das Lokal verließen, schrieb der Gast in sein Notizbuch: »Essen mittelmäßig, Bedienung erstklassig.«

FRANZ HOHLER

DER WUNDERMANN

Ein Mann zieht durch die Lande und erzählt überall, er sei ein Prophet und könne Wunder vollbringen. Ein Händler, der das Geschrei schließlich nicht mehr hören kann, ruft ihn zu sich und sagt:

»Öffne das komplizierte Schloss dieser Tür, ohne einen Schlüssel zu benutzen.«

»Habe ich behauptet, ein Schlosser zu sein?« entgegnet der Wundermann.

AUS ARABIEN

DIE BEIDEN WÖLFE

Ein alter Indianer saß mit seinem Enkelsohn am Lagerfeuer. Es war schon dunkel geworden und das Feuer knackte, während die Flammen in den Himmel züngelten.

Der Alte sagte nach einer Weile des Schweigens: »Weißt du, wie ich mich manchmal fühle? Es ist, als ob da zwei Wölfe in meinem Herzen miteinander kämpfen würden. Einer der beiden ist rachsüchtig, aggressiv und grausam. Der andere hingegen ist liebevoll, sanft und mitfühlend.«

»Welcher der beiden wird den Kampf um dein Herz gewinnen?« fragte der Junge.

Der Alte dachte nach. Dann antwortete er: »Der Wolf, den ich füttere.«

DIE SCHÖNHEIT

Eines Tages trafen sich die Schönheit und die Hässlichkeit am Meeresufer, Und sie sagten zueinander: »Lass uns im Meer baden.« Sie entkleideten sich und schwammen im Wasser.

Nach einer Weile kam die Hässlichkeit zurück zum Ufer und kleidete sich in die Gewänder der Schönheit und ging davon.

Und auch die Schönheit kam aus dem Wasser, fand ihre Gewänder nicht, war zu schüchtern, um nackt zu sein, und legte sich deshalb die Kleidung der Hässlichkeit an. Und die Schönheit ging ihres Weges.

Bis zum heutigen Tag verwechseln Männer und Frauen die eine mit der anderen.

Doch es gibt einige, die das Gesicht der Schönheit erblicken und sie ungeachtet ihrer Kleidung erkennen. Und einige kennen das Gesicht der Hässlichkeit, und das Gewand verdeckt sie nicht vor ihren Augen.

KHALIL GIBRAN

DIE UHREN

Ein Mann trägt zwei Uhren, an jedem Handgelenk eine. Sie zeigen unterschiedliche Zeiten an.

Einer seiner Freunde wundert sich darüber: »Warum«, fragt er, »zeigen die beiden Uhren nicht dieselbe Uhrzeit an?«

»Wozu«, sagt der andere, »sollte ich dann zwei Uhren tragen?«

AUS ENGLAND

DIE LEERE

Endlich meint ein Draufgänger, die Lehre des Zen begriffen zu haben, und sagt dem Meister stolz, dass nur die Leere existiere und das Nichts keinen Unterschied mache zwischen ihn und ihm. Der Meister hört einen Augenblick lang schweigend zu. Dann nimmt er seine Pfeife und schlägt dem Mann damit kräftig auf den Kopf.

Der Mann springt erbost auf, ballt die Fäuste und bedroht den Meister.

»Nun«, erwidert dieser seelenruhig, »die Leere wird aber leicht wütend.«

AUS JAPAN

DIE SEESTERNE

Ein furchtbarer Sturm kam auf. Der Orkan tobte. Das Meer wurde aufgewühlt und meterhohe Wellen brachen sich ohrenbetäubend laut am Strand.

Als das Unwetter langsam nachließ, klarte der Himmel wieder auf. Am Strand lagen aber unzählige von Seesternen, die von der Strömung an den Strand geworfen worden waren.

Ein kleiner Junge lief am Strand entlang, nahm behutsam Seestern für Seestern in die Hand und warf sie zurück ins Meer.

Da kam ein Mann vorbei. Er ging zu dem Jungen und sagte: »Was du da machst, ist vollkommen sinnlos. Siehst du nicht, dass der ganze Strand voll von Seesternen ist? Die kannst du niemals alle zurück ins Meer werfen. Was du da tust, ändert nicht das Geringste!«

Der Junge schaute den Mann einen Moment lang an. Dann ging er zu dem nächsten Seestern, hob ihn behutsam vom Boden auf und warf ihn ins Meer. Zu dem Mann sagte er: »Für ihn wird es etwas ändern!«

ERWISCHT

Ein Mann beobachtete, wie der Postbote eines kleinen Dorfes in der Auvergne mit seinem Fahrrad eine kleine Abkürzung über eine Wiese nahm, auf der einige Rinder weideten. Mitten auf der Weide erspähte ihn ein gefährlich aussehender Bulle, der wütend auf ihn losstürmte. Nur mit Mühe und Not konnte der Postbote entkommen und schaffte es gerade noch über den Zaun.

Der Mann, der die Szene aus sicherem Abstand beobachtet hatte, rief ihm zu: »Das war knapp, nicht wahr? Fast hätte es Sie erwischt.«

»Ach ja«, stöhnte der Postbote, »fast erwischt es mich immer.«

AUS FRANKREICH

DIESER KERL

Wie ich eines Tages die Straße entlangging, sah ich diesen Kerl mir entgegenkommen, und weißt du, ich hätte schwören können, er war's, und weißt du, er hätte schwören können, ich war's.

Wir kamen einander näher, und ich war ganz sicher, er war's, und er war ganz sicher, ich war's.

Wir kamen noch näher, und ich war verdammt sicher, er war's, und er war verdammt sicher, ich war's.

Als wir nur noch ein paar Meter auseinander waren, war ich vollkommen überzeugt, er war's, und er war vollkommen überzeugt, ich war's. Und weißt du, was? Wie wir nebeneinanderstehen, da war's keiner von uns!

AUS ENGLAND

WARTEN

Ich konnte auf meinem Anrufbeantworter die Ansagen wechseln wie die Hemden, ich dachte mir immer freundlichere aus, immer fröhlichere, wirklich wahnsinnig komische – von ihr kam nie mehr eine Nachricht.

JEAN-JACQUES SEMPÉ

JA ODER NEIN

Ein Richter verlangte während der Verhandlung vom Angeklagten, er solle auf seine Fragen klar mit Ja oder Nein antworten.

«Das kann ich nicht», erwiderte der Angeklagte.

«Unsinn!» meinte der Richter. «Man kann auf jede Frage mit Ja oder Nein antworten.»

«Darf ich Ihnen eine Frage stellen?»

«Bitte sehr», sagte der Richter.

«Herr Rat, haben Sie aufgehört, allabendlich Ihre Frau zu verprügeln?»

MICHAEL ENDE

GESCHICHTEN VOM STANDESGEMÄSSEN STERBEN

Der Gärtner beißt ins Gras. Der Maurer springt von der Schippe. Der Koch gibt den Löffel ab. Der Turner verreckt. Den Elektriker trifft der Schlag. Der Pfarrer segnet das Zeitliche. Der Spachtelfabrikant kratzt ab. Der Schaffner liegt in den letzten Zügen. Der Beamte entschläft sanft. Der Religiöse muss dran glauben. Der Zahnarzt hinterlässt eine schmerzliche Lücke. Der Gemüsehändler schaut sich die Radieschen von unten an. Der Fechter springt über die Klinge. Die Putzfrau kehrt nie wieder. Der Anwalt steht vor dem jüngsten Gericht. Der Autohändler kommt unter die Räder. Der Kfz-Mechaniker schmiert ab. Der Förster geht in die ewigen Jagdgründe ein. Der Gynäkologe scheidet dahin. Der Schornsteinfeger erbleicht. Der Rabbi geht über den Jordan. Der Optiker schließt für immer die Augen. Der Tenor hört die Englein singen. Der Spanner ist weg vom Fenster.

DER ZEN-STIL

Eine Frau mit Zen-Erfahrung half ihrer Nichte, aus ihrem Haus in ein Apartment zu ziehen. Die Frage war, was sie mitnehmen und was sie einlagern sollte.

»Was soll ich machen?« wollte die Nichte wissen.

»Vielleicht solltest du die Wohnung im Zen-Stil möblieren«, schlug die Tante vor.

»Wie geht das?«

»Fang mit absolut leeren Räumen an. Stell dann hinein, was unverzichtbar ist, und lass alles andere eingelagert. Hol zusätzliche Sachen nur dann, wenn du sie unbedingt brauchst.«

»Das ist eine gute Idee für meine neue Wohnung.«

Die Tante schwieg einen nachdenklichen Augenblick lang und sagte dann: »Es ist auch eine gute Idee für dein neues Leben – nimm nur hinein, was du wirklich brauchst.«

RICHARD McLEAN

AUFBRUCH

Und vor Freude darüber, dass die Gäste endlich gingen, sagte die Frau des Hauses: Bleiben Sie doch noch ein wenig.

ANTON TSCHECHOW

DER EISBÄR

Einem Eisbären war die Frau abhandengekommen, und auf der Suche nach ihr betrat er ein Eskimozelt. In der Schlafecke fand er vorm Bett ihren Pelz. »Verdammt«, dachte er, »wenn das kein Scheidungsgrund ist –»

WOLFDIETRICH SCHNURRE

IM REGEN

Ein Mann geht langsam durch den strömenden Regen.

Ein eiliger Passant fragt ihn: »Warum gehst du nicht schneller?«

»Da vorn regnet es auch«, antwortet der Mann.

DER GETRÄUMTE WEIN

Ein schlafender Mann findet im Traum eine Flasche Reiswein. Da er sehr arm ist, freut er sich sehr darüber. Wie es sich gehört, sucht er einen Kocher, zündet ihn an und erhitzt den Wein.

Plötzlich wacht er auf.

»Ich hätte ihn kalt trinken sollen«, sagt er.

AUS CHINA

DER BESCHLUSS

Er beschloss, sein Leben zu ändern, die Morgenstunden zu nutzen. Er stand um sechs Uhr auf, duschte sich, rasierte sich, zog sich an, frühstücke mit Genuss, rauchte ein paar Zigaretten, setzte sich an den Schreibtisch und erwachte am Mittag.

ENNIO FLAIANO

DER GESCHMACK DER MELONE

Ein Zen-Meister bietet seinem Schüler ein Stück Melone an und fragt ihn:

»Wie findest du diese Melone? Schmeckt sie gut?«

»Ja, sie schmeckt mir sehr gut«, antwortet der Schüler.

»Und wo befindet sich dieser Geschmack?« fragt ihn der Meister weiter. »In der Melone oder auf deiner Zunge?«

Der Schüler grübelt und grübelt. Dann versucht er eine komplizierte Erklärung zu geben, um den Meister zufriedenzustellen:

»Der Geschmack kommt aus einer wechselseitigen Abhängigkeit zwischen meiner Zunge und der Melone, denn meine Zunge könnte ohne die Melone nicht ...«

Der Meister unterbricht ihn ungeduldig: »Hör auf. Was willst du denn suchen? Die Melone ist gut ... das reicht.«

AUS JAPAN

DER TRÄGE HERZOG

Der Herzog von Aumont galt als unwahrscheinlich träge. Kardinal Richelieu sagte einmal zu ihm: »Hör mal, mein Lieber, Gott hat dich zum Adligen geschaffen, der König hat dich zum Pair von Frankreich gemacht, der Herzog von Bourbon hat dir Hörner aufgesetzt. Ich habe dich zum Ritter des Ordens von St. Louis gemacht. Jetzt mach doch auch selber etwas für dich.«

»Und was?« fragte der Herzog von Aumont.

»Rasier dich wenigstens!«

DER REGENTROPFEN

Ein Regentropfen, der ins Meer fiel, rief aus: »O Meer! So wenig bin ich angesichts deiner Unendlichkeit!«

Dieser Regentropfen wurde von einer Muschel aufgenommen und verwandelte sich in eine prächtige Perle. Und diese Perle funkelte schließlich an der Krone eines Königs.

AUS ARABIEN

DIE BEIDEN RAUCHER

In einem Kloster leben zwei Mönche, die leidenschaftlich gern rauchen und sich deswegen viele Bemerkungen und Tadel zuziehen.

Eines Tages werden sie getrennt zum Meister gerufen. Der erste fragt: »Meister, ist es erlaubt zu meditieren, während ich rauche?«

Der Meister wird zornig, lehnt dies brüsk ab und schickt ihn fort.

Wenig später begegnet dieser Mönch dem anderen, der in aller Ruhe raucht. Erstaunt fragt er ihn:

»Bist du nicht beim Meister gewesen?«

»Doch, selbstverständlich.«

»Und hat er dir nicht verboten zu rauchen?«

»Keineswegs.«

»Aber wie ist das möglich? Was hast du ihn gefragt?«

»Ich habe ihn einfach gefragt: ›Darf ich rauchen, während ich meditiere?‹«

AUS JAPAN

DIE BESTE GESCHICHTE MEINES LEBENS

Beste Geschichte meines Lebens. Anderthalb Maschinenseiten vielleicht. Autor vergessen. In einer Zeitung gelesen. Zwei Schwerkranke im selben Zimmer. Einer an der Türe liegend, einer am Fenster. Nur der am Fenster kann hinaussehen. Der andere hatte keinen größeren Wunsch, als das Fensterbett zu erhalten. Der am Fenster leidet darunter. Um den anderen zu entschädigen, erzählt er ihm täglich stundenlang, was draußen passiert. Eines Nachts bekommt er einen Erstickungsanfall. Der an der Tür könnte die Schwester rufen. Unterlässt es: denkt an das Bett. Am Morgen ist der andere tot; erstickt. Sein Fensterbett wird geräumt; der bisher an der Tür lag, erhält es. Sein Wunsch ist in

Erfüllung gegangen. Gierig, erwartungsvoll wendet er das Gesicht zum Fenster.

Nichts; nur eine Mauer.

WOLFDIETRICH SCHNURRE

DER TRAUM VON DEN GOLDSTÜCKEN

Eines Nachts träumt ein Mann davon, dass ihn ein Unbekannter besucht und ihm ohne weitere Erklärung neun Goldstücke gibt.

Der Mann weist sie zurück und sagt:

»Warum nur neun? Gib mir noch eins mehr, dann ist es wenigstens eine runde Summe.«

Der Unbekannte schüttelt den Kopf. Doch so sehr der Mann auf zehn besteht, diskutiert, jammert und fleht – der Unbekannte lehnt es ab, ihm zehn Goldstücke zu geben.

Der Mann redet sich derart in Rage, dass er schließlich aufwacht. Er blickt in seine Hand: Sie ist leer. Es ist nur ein Traum gewesen.

Er legt sich wieder hin, schließt die Augen und murmelt beim Einschlafen: »Also schön, einverstanden, gib mir neun Goldstücke.«

AUS DEM JUDENTUM

DIE EINLADUNG

Ein Wanderer, auf seiner mühevollen Reise durch das Land des Vergessens, empfängt einen Brief. Darin wird er auf ehrerbietigste Weise zur Hochzeit eines mächtigen, großen Fürsten eingeladen. Unter unsäglichen Entbehrungen und Gefahren gelingt es ihm, rechtzeitig zu dem Fest zu kommen, und er entdeckt, dass es seine eigene Hochzeit ist. Von Anfang an war er selbst der Einlader, nur wusste er es nicht mehr. Er schickte sich selbst den Brief ins Land des Vergessens, weil er wusste, dass er seine eigene Identität dort verlieren würde. Doch nur dort konnte er die Bedingung erfüllen, die die Voraussetzung für die Hochzeit mit der Geliebten war.

MICHAEL ENDE

DIE SCHMERZEN

Ein Mann kommt zum Arzt und sagt: »Doktor, ich habe überall Schmerzen. Wenn ich mit dem Finger meinen Kopf berühre, habe ich Schmerzen. Wenn ich meinen Bauch berühre, ist es das gleiche. Wenn ich mein Knie berühre, habe ich Schmerzen; berühre ich den Fuß, auch. Was soll ich nur tun? Wie soll ich mir Linderung verschaffen?«

Der Arzt untersucht ihn gründlich von Kopf bis Fuß. Dann stellt er fest:

»Ihr Körper ist gesund. Nur Ihr Finger ist gebrochen.«

AUS PERSIEN

DIE ROSE

Rainer Maria Rilke ging in der Zeit seines Pariser Aufenthaltes regelmäßig über einen Platz, an dem eine alte Frau saß, die um Geld bat. Ohne je aufzublicken, ohne ein Zeichen des Bittens oder Dankens zu äußern, saß die Frau immer an der gleichen Stelle. Rilke gab nie etwas, seine französische Begleiterin warf ihr häufig ein Geldstück hin. Eines Tages fragte die Französin verwundert, warum er nichts gebe. Rilke antwortete: »Wir müssten ihrem Herzen schenken, nicht ihrer Hand.«

Wenige Tage später brachte Rilke eine eben aufgeblühte weiße Rose mit, legte sie in die offene, abgezehrte Hand der alten Frau und wollte weitergehen. Da geschah das Unerwartete: Die Frau blickte auf, sah den Geber, erhob sich mühsam vom Boden, tastete nach der Hand des fremden Mannes, küsste sie und ging mit der Rose davon.

Eine Woche lang war die Alte verschwunden; der Platz, an dem sie vorher gesessen hatte, blieb leer. Nach acht Tagen saß sie plötzlich wieder wie früher an der gewohnten Stelle.

Sie war stumm wie immer, wiederum nur ihre Bedürftigkeit zeigend durch die ausgestreckte Hand.

»Aber wovon hat sie denn in all den Tagen gelebt?« fragte die Französin.

Rilke antwortete: »Von der Rose.«

DIE TASSE TEE

Ein Schüler auf der Suche nach Weisheit trifft einen Zen-Meister, der an einem abgelegenen Ort wohnt. Der ernste Schüler, den Kopf voller Fragen, ist verärgert, und sein Unmut wächst zusehends, als der Lehrer sich weigert, seine Fragen zu beantworten.

»Gieße mir eine Tasse Tee ein«, sagte der Meister schließlich, »und ich werde dir sagen, wann du aufhören sollst.«

Der pflichtbewusste Schüler beginnt zu gießen – und gießt und gießt. Die Schale füllt sich, und der Schüler gerät in Panik, als der Tee schließlich über den Rand der Schale und überall hinläuft.

In seiner Wut und Verzweiflung bringt der Schüler den Mut auf zu sprechen:

»Siehst du nicht, dass die Schale voll ist? Es geht nichts mehr hinein!«

»Genauso verhält es sich mit dir«, erwidert der Meister. »Du hast viel zu viel im Kopf. Nur wenn du leer bist, wird es genug Raum geben, damit neues Wissen hineinkommen kann.«

AUS JAPAN

DIE DREI MINUTEN

Ein New Yorker will einem Gast aus China eine Sehenswürdigkeit am Rande der Stadt zeigen. Sie fahren mit dem Zug, steigen aus und schicken sich an, die letzten fünfhundert Meter zu Fuß zu gehen.

Da kommt ein Bus, und der Amerikaner ruft: »Kommen Sie, rasch! Steigen Sie ein! Wir gewinnen drei Minuten.«

Der Asiate rührt sich nicht. »Und was tun mit den gewonnenen drei Minuten?«

AUS AMERIKA

DIE KÄLTE

Es ist strenger Winter, draußen friert es. Ein Jude kommt in eine Herberge und lässt die Tür hinter sich offenstehen.

Da ruft ihm jemand zu: »He, Sie dort! Machen Sie die Tür zu! Es ist kalt draußen!«

»Und Sie glauben wirklich«, antwortet der Jude, »wenn ich die Tür schließe, ist es draußen nicht mehr so kalt?«

AUS DEM JUDENTUM

DER GROSSE LEHRER

Meister Muto wurde einmal gefragt, warum er von seinen Freunden mit diesem Titel angeredet werde. Er müsse wohl ein großer Lehrer sein.

»Diesen Titel«, antwortete Meister Muto, »trage ich wegen meiner Fähigkeit, mich fortwährend durch Erfahrungen zu ändern.«

Daraufhin sprachen einige der Frager hinter seinem Rücken von Meister Mutos großer Bescheidenheit. Als ihm dies hinterbracht wurde, fiel Meister Muto vom Stuhl vor Lachen.

MICHAEL ENDE

DER BRIEF

Patient: »Ich schreibe einen Brief.«

Direktor: »Wem schreiben Sie denn?«

Patient: »Mir.«

Direktor: »Was steht denn drin?«

Patient: »Das weiß ich noch nicht, der Brief ist noch nicht angekommen.«

FRIEDRICH DÜRRENMATT

DIE TRADITION

Das junge Paar war frisch verheiratet. Eines Tages beschloss die junge Frau, eine Lammkeule zu schmoren. Bevor sie das Ganze in den Ofen schob, schnitt sie von der Keule das untere Stück ab und legte dann die zwei Teile nebeneinander in den Schmortopf.

Ihr Mann schaute ihr über die Schulter zu und fragte sie: »Warum machst du das?«

»Ich weiß nicht, aber meine Mutter machte das immer genauso«, war die Antwort.

Daraufhin fragte der Mann seine Schwiegermutter, warum sie das untere Stück der Keule abschnitt.

»Ich weiß nicht, aber meine Mutter machte das immer genauso«, antwortete die Schwiegermutter.

Die Großmutter war noch am Leben, und so ging der Mann zu ihr und fragte auch sie, warum sie den unteren Teil der Lammkeule vor dem Schmoren abschnitt.

Und die Großmutter antwortete: »Ach, das hat einen ganz einfachen Grund. Mein Schmortopf war damals so klein, dass der ganze Braten einfach nicht hineinpasste.«

DER VERLORENE SCHLÜSSEL

Eines Nachts auf der Straße, in der Nähe einer Laterne. Ein Mann scheint gebückt, mit der Nase dicht am Boden, etwas zu suchen.

Ein anderer Mann kommt vorbei und fragt: »Was suchst du da?«

»Ich suche meinen Schlüssel.«

»Du hast deinen Schlüssel verloren?«

»Ja.«

»Und du hast ihn hier verloren?«

»Nein.«

»Aber wenn du ihn woanders verloren hast, warum suchst du ihn dann hier?«

»Weil hier Licht ist.«

AUS PERSIEN

DIE SCHWEIGENDEN SCHÜLER

Der Zen-Meister trägt sechs seiner Schüler auf, einen Tag in absolutem Stillschweigen zu verbringen.

Kaum sind die Mönche unter sich, sagt der erste: »Ich werde nicht sprechen.«

Darauf fährt der zweite den ersten an: »Wir sollten doch kein Wort sagen!«

»Wie unbeherrscht ihr seid«, sagt der dritte, »warum habt ihr gesprochen?«

»Es ist gar nicht so einfach, eine Zeitlang nichts zu sagen«, bemerkt da der vierte.

»Ich habe als einziger nicht gesprochen«, stellt der fünfte zufrieden fest.

Der sechste schüttelte den Kopf und murmelte: »Unglaublich!«

AUS CHINA

DER KLEINE EISBÄR

Ein kleiner Eisbär fragte seine Mutter: »Mama, war mein Papa auch ein Eisbär?«

»Ja, mein Kind, natürlich war er ein Eisbär.«

Nach einer Weile: »Und, Mama, mein Großvater ... war er auch ein Eisbär?«

»Ja, auch dein Großvater war ein Eisbär.«

»Und war mein Urgroßvater auch ein Eisbär?«

»Aber Bärchen, natürlich war er das. Warum fragst du denn?«

»Weil ... ich friere so.«

DER AFFE UND DAS MESSER

Aufgeregt rennt ein Mann zu einem Derwisch, reißt die Tür auf und schreit:

»Schnell! Schnell! Wir müssen etwas tun! Ein Affe hat sich gerade ein Messer genommen …«

»Keine Angst«, sagt der Derwisch, »solange es kein Mensch ist …«

AUS PERSIEN

DAS KANINCHEN UND DIE LÖWIN

Ein Kaninchen trifft auf eine Löwin und sagt: »Jedes Jahr werfe ich viele Junge, und du wirfst nur ein einziges!«

»Das stimmt«, antwortet die Löwin. »Ich werfe nur eines. Aber es ist ein Löwe.«

AUS AFRIKA

MÜSSIGGANG IST ALLER FREUDEN ANFANG

Müßiggang ist ein schönes altes deutsches Wort. Immer langsam voran. Komm ich heute nicht, komm ich morgen. Abwarten. Sich ausruhen. Mit der Schneckenpost. Bummeln. Faulenzen. Feiern. Flanieren. Sich räkeln. Spazierengehen. Trödeln. Umherstreifen. Müßig gehen. Sich der Arbeit entziehen. Feierabend machen. Auf der faulen Haut liegen. Sich von der Sonne anscheinen lassen. Es sich behaglich machen. Sich Zeit lassen. Sich Zeit nehmen. Keinen Finger rühren. Auf der Bärenhaut liegen. Bis in den Tag hinein schlafen. Murmeltier. Nichtstuer. Schlafmütze. Beschaulichkeit. Siebenschläfer. Träumer. Verbummeltes Genie.

SAMY NURIAN

DER LÖWENZAHN

Ein Mann hatte beschlossen, einen Blumengarten anzulegen. Er grub den Boden um und pflanzte die Samen vieler schöner Blumen. Doch als sie aufgingen, füllte sich der Garten nicht nur mit Blumen, sondern auch mit einer Vielzahl an Löwenzahn.

Was immer der Mann auch tat und welchen Rat er auch befolgte, es gelang ihm nicht, den Löwenzahn auszurotten. Schließlich wandte er sich an einen Zen-Meister, der auch ein Meister der Gartengestaltung war. Der schlug ihm eine ganze Reihe von Maßnahmen vor, doch alle hatte der Mann schon erfolglos ausprobiert.

Eine Zeitlang schwiegen die beiden Männer, dann sagte der Zen-Meister: »Nun, dann schlage ich vor, du lernst den Löwenzahn zu lieben.«

AUS CHINA

DER APFELBAUM UND DIE TANNE

Hinter einem in seiner vollen Blütenpracht ausgebreiteten Apfelbaum erhob eine gerade Tanne ihren spitzen dunklen Gipfel. Zu dieser sprach jener: »Siehe die Tausende meiner schönen muntern Blüten, die mich ganz bedecken. Was hast du dagegen aufzuweisen? Schwarzgrüne Nadeln!«

»Wohl wahr«, erwiderte die Tanne, »aber wenn der Winter kommt, wirst du entlaubt dastehn; ich aber werde sein, was ich jetzt bin.«

ARTHUR SCHOPENHAUER

MANCHMAL UMARMT MICH DAS GLÜCK

Manchmal umarmt mich das Glück, spüre ich es unter der heißen Dusche auf meiner Haut.

Manchmal fährt das Glück mit mir Karussell, gibt mir ein Los mit der freien Auswahl in die eine Hand und rosa Zuckerwatte am Stiel in die andere Hand.

Manchmal schaut mich das Glück aus einem geritzten Herz im Baumstamm an, blüht es unbeachtet am Wegesrand, fällt es als Sternschnuppe vom Himmel, klopft es als Kirschzweig ans Fenster, rüttelt es wildwindig an den Läden.

Manchmal sehe ich das Glück in einem Zimmer mit Aussicht, bewundere ich es in einem goldverzierten Sessel oder auf einem gedeckten Teetisch.

Manchmal versteckt sich das Glück im Blumenstrauß, der vor mir sein Ziel erreicht hat und mich erwartet.

Manchmal steckt das Glück in einem Brief, den ich klopfenden Herzens aus dem Umschlag ziehe.

Manchmal ist das Glück ein Zettel, den ich irgendwo unterwegs in der Tasche finde und auf dem ich die überraschenden Worte lese: »Wo immer du bist, wenn du diesen Zettel entfaltest – ich denke an dich.«

Manchmal fährt das Glück mit mir Eisenbahn, steigt in Venedig ein und in Verona leider schon wieder aus, und es lächelt zum Abschied flüchtig und vielversprechend.

Manchmal überfällt mich das Glück mitten am hellichten Tag, dann wieder kommt es auf leisen Sohlen in der Nacht, legt sich warm und einladend neben mich ins Bett.

Manchmal ist das Glück ein Rausch,

ein Vergessen, eine Leidenschaft, ein pures Unvernünftigsein (das bisweilen das Allervernünftigste sein kann), eine vage Hoffnung oder ein ahnungsvoller Traum.

Manchmal ist das Glück da, wo ich nicht bin, und scheint auf mich zu warten. Es ist mir immer einen Schritt voraus und winkt mir zu.

Doch manchmal ist das Glück auch dort, wo ich lebe und lache, leide und liebe.

Und dann trägt es sogar meinen Namen.

SAMY NURIAN

DER WURM

Und du? Wer bist du?, frage ich das winzige Geschöpf, das ich zu meinen Füßen entdeckte.

Ich bin der Wurm, erwidert er mir. Ein dummes und langsames Tierchen. Ich atme durch die Haut, und mein Verdauungstrakt nimmt die ganze Länge meines Körpers ein. Meine Mutter sagte kurz nach meiner Geburt zu mir: Mach dir keine Sorgen, Friedrich. Du bist weder klug noch schön. Du hast keine Flügel. Du hast nicht einmal Füße. Aber wenn du kriechst, kannst du jeden Ort erreichen.

JAVIER TOMEO

EIN VORTRAG

Ein spiritueller Lehrmeister hat mehrere Schüler. Jeden Morgen erzählt er ihnen vom Wesen der Güte, der Schönheit und der Liebe.

Eines Morgens, als er gerade zu sprechen anfangen will, setzt sich ein Vogel auf den Fenstersims und beginnt zu singen.

Der Vogel singt eine Weile, dann verschwindet er.

Der Meister steht auf und sagt zu den Schülern: »Der Vortrag für heute morgen ist beendet.«

AUS INDIEN

DIE WAHRHEIT IM LADEN

Eines Tages sah ein Mann einen Laden, an dem ein Schild mit der Aufschrift »Wahrheitsladen« angebracht war. Hocherfreut darüber, die Wahrheit kaufen können zu können, betrat der Mann den Laden. Der Verkäufer bot verschiedene Arten Wahrheit an, Teilwahrheiten und die ganze Wahrheit. Natürlich wollte der Kunde die ganze Wahrheit, klar, schlicht und ungeschminkt.

Der Verkäufer sah ihn voller Mitleid an und zeigte auf das Preisschild: »Der Preis ist sehr hoch, mein Herr.«

»Wieviel?« fragte der Kunde, entschlossen, die ganze Wahrheit zu erwerben, gleich, was sie kostete.

»Wenn Sie diese hier nehmen«, sagte der Verkäufer, »bezahlen Sie mit dem Verlust

Ihrer Ruhe und Gelassenheit. Und zwar für den Rest Ihres Lebens.«

Traurig verließ der Mann den Laden. Er hatte gedacht, die ganze Wahrheit billig bekommen zu können.

DER TRAUM

Ein junger Mann erzählte einem Meister, sein größter Traum sei es, einmal um die Welt zu fahren.

Der Meister fragte ihn: »Wann möchtest du deinen Traum wahr machen?«

»Sobald sich die Gelegenheit ergibt«, antwortete der junge Mann.

»Die Gelegenheit kommt nie«, sagte der Meister mit einem feinen Lächeln. »Sie ist da.«

DAS GLÜCK

Das Glück ist ein Schmetterling«, sagte der Meister. »Jag ihm nach, und er entwischt dir. Setz dich hin, und er läßt sich auf deiner Schulter nieder.«

»Was soll ich also tun, um das Glück zu erlangen?«

»Hör auf, hinter ihm her zu sein«, sagte der Meister.

»Also gibt es nichts, was ich tun kann ...«

»Du könntest versuchen, dich ruhig hinzusetzen«, sagte der Meister. »Wenn du es wagst ...«

DER ZIRKUSBÄR

Es war einmal ein Zirkusbär. Sein Zuhause bestand aus einem Käfig. Er war bereits in einem solchen Käfig geboren worden und verbrachte seine Freizeit damit, in diesem Käfig zehn Schritte vorwärts zu machen und wieder zehn Schritte zurück.

Irgendwann beschloss der Zirkusdirektor, den Zirkus aufzugeben, da er nur noch Verluste machte. Er fuhr mit dem Bären in den Wald, stellte den Käfig ab und öffnete die Tür. Dann fuhr er weg.

Der Bär steckte die Nase aus der offenen Käfigtür. Nun stand ihm als freier Bär die Welt offen.

Der Bär sprang aus dem Käfig. Er stapfte einen Schritt vorwärts ... vier ... sechs ... acht ... neun ...

Aber nach dem zehnten Schritt ging der Bär wieder zehn Schritte rückwärts.

EIN TELEFONANRUF

Als das Telefon nicht klingelte,
wusste ich, dass du es warst.

DOROTHY PARKER

GEDULD

Japan, im Frühjahr. Langsam kriecht eine Schnecke einen Kirschbaum hinauf. Sie begegnet einem Insekt, das zu ihr sagt:

»Wohin willst du denn? Es ist noch nicht soweit! Es sind noch keine Kirschen auf dem Baum!«

»Wenn ich oben ankomme, werden welche da sein«, antwortet die Schnecke und kriecht weiter.

AUS JAPAN

FREIGEBIG

Zwei Freunde trinken auf ihre neue Freundschaft.

»Wenn du fünf Fernsehgeräte hättest, würdest du mir einen schenken?«

»Freilich.«

»Wenn du fünf Autos hättest, würdest du mir eins schenken?«

»Freilich.«

»Wenn du fünf Hemden hättest, würdest du mir eins schenken?«

Der Gefragte schüttelt den Kopf.

»Warum nicht?«

»Ich habe nur fünf Hemden.«

AUS DEUTSCHLAND

PRÄCHTIGER SCHLAF

Ein Bischof beklagte sich bei Papst Johannes XXIII., dass ihm die Bürde seines Amtes den Schlaf raube.

»In den ersten Wochen meines Pontifikats«, erwiderte der Heilige Vater, »ging es mir ebenso. Eines Nachts aber erschien mein Schutzengel und sagte: ›Nimm dich nicht so wichtig, Giovanni!‹ Seitdem schlafe ich prächtig.«

MENSCHEN FANGEN

Als ein Psychiater einen Zen-Meister fragte, wie er mit neurotischen Menschen umgehe, erwiderte dieser: »Ich fange sie!«

»Und wie fangen Sie sie?« fragte der Psychiater interessiert.

»Ich bringe sie an den Punkt«, sagte der Meister, »wo sie keine Fragen mehr stellen können.«

MOLLYS BESTELLUNG

Eines Abends ging die ganze Familie zum Essen aus. Die Speisekarten wurden herumgereicht, auch zur achtjährigen Tochter Molly. Die Erwachsenen unterhielten sich, Molly saß unbeachtet dabei. Der Kellner, der die Bestellungen aufnahm, wandte sich zuletzt an Molly: »Und was möchtest du?«

»Einen Hot-Dog und einen Sprudel«, sagte sie.

»Nein«, meinte ihre Großmutter, »sie bekommt das Brathühnchen mit Karotten und Kartoffelpüree.«

»Und zum Trinken Milch«, fiel der Vater ein.

»Möchtest du deinen Hot-Dog mit Ketchup oder Senf?« fragte der Kellner im Weggehen. Die Eltern stutzten.

»Mit Ketchup!« rief Molly. Dann wandte sie sich an ihre Familie und meinte: »Wisst ihr was? Er hält mich für wirklich!«

AUS AMERIKA

STREIT

»Ich bin so wütend über das, was du gesagt hast!«

»So. Was habe ich denn gesagt?«

(Hin und Her) Schließlich: »Ja, du hast vorhin gesagt, dass – – was hast du doch gleich gesagt!«

KURT TUCHOLSKY

RICHTIG STERBEN

Ein junger Zen-Mönch fragte besorgt seinen Meister:

»Meister, wenn ich eines Tages sterbe, wie mache ich es richtig?«

Der Meister erwiderte ruhig: »Wenn du stirbst, dann stirb einfach.«

AUS JAPAN

WARUM STEHST DU HIER

Ein Zen-Mönch stand auf einem kleinen Hügel und schaute ins Land. Einige Leute, die vorüber kamen und ihn da stehen sahen, begannen sich über ihn zu unterhalten.

Einer sagte: »Sicher vermisst er seinen Hund.«

Ein anderer meinte: »Nein, es wird ein Freund sein, nach dem er Ausschau hält.«

Und ein dritter sagte: »Ach was, bestimmt genießt er nur die kühle Luft da oben.«

Da die drei sich nicht einigen konnten, beschlossen sie, auf den Hügel zu gehen, um den Mann zu fragen. Der erste fragte: »Warum stehst du hier? Ist dir dein Hund weggelaufen?

»Nein«, antwortete der Mann, »ich besitze gar keinen Hund.«

Darauf fragte der zweite: »Dann hältst du sicher nach einem Freund Ausschau?«

»Nein«, antwortete der Mann, »auch das tue ich nicht.«

Schließlich fragte der dritte: »Genießt du vielleicht den frischen Wind hier oben auf der Anhöhe?«

»Nein«, antwortete der Mann, »ich genieße auch nicht den frischen Wind hier oben.«

Da fragten ihn alle drei: »Ja, warum stehst du dann hier?«

Der Mönch antwortete: »Ich stehe hier einfach nur so.«

AUS CHINA

SCHWÄBISCHE ORDNUNGSLIEBE

Ich weiß nicht, ob diese Geschichte wahr ist, es wurde mir ernsthaft versichert – wenn nicht, so ist sie jedenfalls ziemlich treffend erfunden:

In Stuttgart hatte ein Dienstmädchen aus Liebeskummer Selbstmord verübt. Die Herrschaft, die davon noch nichts wusste, vermisste das Frühstück, rief nach ihr, durchsuchte Haus und Garten, konnte sie aber nicht finden. Schließlich entdeckte die Dame des Hauses auf dem Küchentisch einen Zettel, auf dem in säuberlicher Schrift zu lesen stand: »Ich hänge in der Speisekammer. Ihre Rosa.«

MICHAEL ENDE

DIE WAHRE LEHRE

Ein Schüler fragt den Zen-Meister Joshu: »Meister, was ist die wahre Lehre des Buddhismus? Erklärt sie mir!«

»Hast du deine Mahlzeit beendet?« fragt der Meister.

»Ja, Meister, ich bin fertig.«

»Dann spüle deine Schale aus.«

AUS JAPAN

REICHTUM

Ein Mann sagt zu seiner Frau: »Weißt du, Liebling, jetzt wo ich den neuen Job habe, werde ich hart arbeiten und mich richtig ins Zeug legen. Und eines Tages werden wir reich werden.«

Die Frau antwortete: »Wir sind doch schon reich, Liebster, denn wir haben einander. Eines Tages werden wir vielleicht Geld haben.«

VOR DEM BAHNHOF IN NEAPEL

Vor dem Bahnhof in Neapel, vor ein paar Jahren, hatte ein Reisender ein Erlebnis, das seinem ganzen damaligen Arbeitsauftrieb eine andere Richtung gab. Dort »lungerte« ein Facchino, ein Gepäckträger. Der Reisende fragte ihn, ob er seinen Koffer in das etwa hundert Meter entfernte Hotel tragen wolle. Der Gepäckträger hob den etwas schweren Koffer, sah ihn aus seinen tiefdunklen Augen schmerzlich an und sagte: »Io mangato oggi« (Ich habe heute schon gegessen).

VERTRAUEN

Endlich ist ein Mann zu Geld gekommen. Er beschließt, zum ersten Mal in seinem Leben Urlaub im Schnee zu machen.

Auf einer Bergwanderung kommt er vom Weg ab und fällt in eine Schlucht. Wie durch ein Wunder kann er sich im letzten Augenblick an einem dürren Busch festhalten, der zwischen den Felsen wächst. Der Mann weiß: Wenn ich abstürze, falle ich in den sicheren Tod.

Verzweifelt klammern sich seine Hände um den Busch. Doch lange können sie sich nicht halten. Außerdem knackt der Busch, denn seine Wurzeln lösen sich aus dem Erdreich.

In größter Angst ruft der Mann zum Himmel hinauf: »Ist da jemand? Ist da jemand?«

»Ich bin hier, mein Sohn«, ertönt eine Stimme. »Fürchte dich nicht und lass den Busch los. Meine Engel werden dich tragen und sanft auf den Boden zurückbringen.«

Der Mann denkt einen Moment nach und ruft dann: »Ist da noch jemand?«

AUS ISRAEL

PLAY IT AGAIN!

Angela Pontual, eine Freundin des Wanderers, besuchte einmal eine Theateraufführung am Broadway. In der Pause ging sie ins Foyer, um einen Whisky zu trinken. Das Foyer war voller Menschen, die rauchten, redeten, tranken.

Ein Pianist spielte, doch niemand achtete auf die Musik. Angela nippte an ihrem Drink und sah den Musiker an. Er schien gelangweilt, wirkte so, als würde er nur spielen, weil er musste, und als könnte er das Ende der Pause kaum erwarten. Nach einem weiteren Whisky wandte sie sich, schon etwas beschwipst, an den Pianisten.

»Sie sind eine Nervensäge! Warum spielen Sie denn nicht für sich selbst?«, fuhr sie ihn an.

Der Pianist blickte sie erstaunt an und begann sofort die Stücke zu spielen, die ihm gefielen. Darauf wurde es still im Foyer. Als der Pianist geendet hatte, applaudierten alle begeistert.

PAULO COELHO

SITZEN, STEHEN, LAUFEN

Ein in der Meditation geübter Mann wurde gefragt, warum er immer so gesammelt sei. Darauf antwortete er: »Wenn ich sitze, sitze ich. Wenn ich stehe, stehe ich. Wenn ich laufe, laufe ich.«

Da sagten sie zu ihm: »Das tun wir doch auch!«

Er entgegnete aber: »Wenn ihr sitzt, dann steht ihr schon, wenn ihr steht, dann lauft ihr schon, und wenn ihr lauft, dann seid ihr schon am Ziel.«

AUS CHINA

PREISERHÖHUNG

Neben dem Bankportal verkauft ein Mann Schnürsenkel. Seit Jahren gibt ihm der Bankier zwanzig Pence, bevor er das Gebäude betritt. Noch nie hatte er die Ware angenommen.

Diesmal zögert der Mann, das Geld anzunehmen. »Verzeihung«, sagt er, »ab heute kosten die Schnürsenkel dreißig Pence.«

AUS ENGLAND

EINE KURZE GESCHICHTE

Kommst du noch den Kindern gute Nacht sagen, rief die Frau ihrem Mann zu, als sie um acht Uhr aus dem Kinderzimmer kam.

Ja, rief der Mann aus seinem Arbeitszimmer, ich muss nur noch den Brief zu Ende schreiben.

Er kommt gleich, sagte die Mutter zu den Kindern, die beide noch aufgerichtet in ihren Betten saßen, weil sie dem Vater zeigen wollten, wie sie die Stofftiere angeordnet hatten.

Als der Vater mit dem Brief fertig war und ins Kinderzimmer trat, schliefen die Kinder schon.

FRANZ HOHLER

WO WOHNT GOTT?

Der Rabbi überraschte mit dieser Frage seine Gäste. Diese waren gelehrte Männer und lachten über ihn: »Wie redest du? Die ganze Welt ist doch voll von Gottes Herrlichkeit!«

Der Rabbi aber antwortete auf die Frage: »Gott wohnt, wo man ihn einlässt.«

MARTIN BUBER

DIE BLÄTTER DES BAUMES

Ein Schüler und sein Guru gehen nebeneinander über das Land. Der Schüler zeigt mit dem Finger auf einen riesengroßen Baum und fragt keck:

»Wieviele Blätter hat dieser Baum?«

»Hundertfünfzigtausendsiebenhundertvierunddreißig«, antwortet der Guru ohne das geringste Zögern.

»Bist du sicher, Meister?« fragt der Schüler erstaunt.

»Wenn du mir nicht glaubst, dann klettere doch auf den Baum und zähle die Blätter.«

AUS INDIEN

DER KAUF

Eines Tages betrat Nasreddin ein Geschäft, um sich eine Hose zu kaufen. Er probierte die Hose an, dann dachte er nach, tauschte die Hose gegen ein Obergewand und beschloss, dieses zu nehmen.

Er wollte schon das Geschäft verlassen, als der Verkäufer ihn daran erinnert, dass er das Gewand noch nicht bezahlt habe.

»Das ist nicht ungewöhnlich«, antwortete Nasreddin, »denn ich habe es ja gegen die Hose eingetauscht.«

»Aber die Hose«, erwiderte der Verkäufer, »hast du auch nicht bezahlt.«

»Dagegen ist wohl nichts einzuwenden«, sagt Nasreddin und wendet sich zum Gehen, »denn ich habe sie ja nicht genommen.«

AUS DER TÜRKEI

DER PREIS DER EIER

Eine Frau kommt in ein Lebensmittelgeschäft und verlangt ein Dutzend Eier.

»Das macht zwanzig Kopeken«, sagt der Verkäufer.

»Zwanzig Kopeken!« empört sich die Frau. »Der Eierhändler auf der gegenüberliegenden Straßenseite verkauft das Dutzend für fünfzehn Kopeken.«

»Dann kaufen Sie doch dort die Eier!«

»Er hat leider keine mehr.«

»Ach ja«, sagt der Verkäufer. »Wenn ich keine mehr hätte, würde ich sie auch für fünfzehn Kopeken verkaufen.«

AUS RUSSLAND

DER STUHL

Eines Tages fiel ein Mann vom Stuhl. Er saß, wie berichtet wurde, auf die gewöhnlichste Weise auf einem Stuhl und fiel plötzlich herunter. Als er am Boden lag, sah er plötzlich auch einen anderen Mann, den er zuvor gar nicht beachtet hatte, vom Stuhl fallen und kurz darauf einen bisher noch nicht in Erscheinung getretenen dritten Mann. Als alle am Boden lagen, begann die Sache erst richtig: plötzlich fiel noch ein vierter Mann vom Stuhl. Aber das war noch nichts im Vergleich zu dem, was später passierte.

ROR WOLF

DER JOHANNISBROTBAUM

Ein Weiser ging einmal über Land und sah einen Mann, der einen Johannisbrotbaum pflanzte. Er blieb bei ihm stehen, sah ihm zu und fragte: »Wann wird das Bäumchen wohl Früchte tragen?«

Der Mann erwiderte: »In siebzig Jahren.«

Da sprach der Weise: »Du Narr! Denkst du, in siebzig Jahren noch zu leben und die Früchte deiner Arbeit zu genießen? Pflanze lieber einen Baum, der eher Früchte trägt, dass du dich ihrer erfreust in deinem Leben.«

Der Mann aber hatte sein Werk vollendet und sah freudig auf, und er erwiderte: »Als ich zur Welt kam, da fand ich Johannisbrotbäume und aß von ihnen, ohne dass ich sie gepflanzt hatte, denn das hatten meine Vorfahren getan. Habe ich nun genossen, wo ich nicht gearbeitet habe, so will ich einen

Baum pflanzen für meine Kinder und Enkel, dass sie davon genießen. Wir Menschen können nur bestehen, wenn einer dem andern die Hand reicht. Siehe, ich bin ein einfacher Mann, aber wir haben ein Sprichwort: Gefährten oder Tod.«

Dann wandte er sich ab und ging fort.

AUS DEM JUDENTUM

DIE LEKTION

Eines Tages bekommt ein weiser Mann mit Namen Abdullah Besuch von einem unruhigen und unzufriedenen Mann. Diesem gelingt es nicht, während der Gebets- und Meditationsübungen seine Ruhe zu bewahren.

»Ich kann dir eine sehr einfache Methode empfehlen«, sagt Abdullah zu ihm. »Du verstopfst dir die Ohren und denkst an Radieschen.«

Der Mann fragt:

»An Radieschen?«

»Ja«, antwortet Abdullah.

»Vor oder nach den Übungen?«

»*Während* der Übungen.«

AUS ARABIEN

MERKWÜRDIG

Ein Mann ging spazieren und erblickte im Vorübergehen jemand, den er schon mehrmals in demselben Fenster gesehen hatte. Da sagte er: »Der schaut doch den ganzen Tag aus dem Fenster, er ist bestimmt ein rechter Müßiggänger!«

In demselben Augenblick sagte der Mann im Fenster zu sich selbst: »Der schlendert den ganzen Tag durch die Straßen! Wann der wohl arbeitet?«

Vielleicht hatten beide Männer recht. Aber merkwürdig ist, dass keiner den eigenen Fehler, jeder aber den Fehler des anderen sah und diesen in demselben Augenblick rügte, als er ihn selbst beging.

AUS DEUTSCHLAND

WER WILL DIESEN SCHEIN

Cassan Said Amer erzählte mir die Geschichte von einem Seminar, dessen Leiter seinen Vortrag folgendermaßen begann: Er hielt einen 20-Dollar-Schein hoch und fragte:

»Wer will diesen 20-Dollar-Schein?«

Einige Hände erhoben sich, doch der Seminarleiter meinte:

»Bevor ich ihn verschenke, muss ich noch einiges tun.«

Er zerknüllte ihn zu einer kleinen Kugel und fragte wieder:

»Wer will diesen Schein?«

Die Hände blieben weiterhin in der Luft.

»Und wenn ich nun das damit mache?«

Und er warf den Schein gegen die Wand, ließ ihn zu Boden fallen, trampelte darauf herum und hielt ihn wieder hoch. Die Hände blieben weiterhin erhoben.

»Sie sollten dies niemals wieder vergessen«, meinte der Seminarleiter. »Was immer ich auch mit dem Schein anstelle, er bleibt eine 20-Dollar-Note. Auch wir werden in unserem Leben kleingemacht, getreten, misshandelt, beschimpft. Dennoch sind wir immer gleich viel wert.«

PAULO COELHO

DER RATGEBER

Ein ewiges arithmetisches Rätsel erzählt die folgende Geschichte: Ein Mann wollte sicherstellen, dass seine drei Söhne nach seinem Tod einen guten Ratgeber fänden. Daher hinterließ er ihnen in seinem Testament siebzehn Kamele mit den folgenden, präzisen Anweisungen:

»Ich möchte, dass der älteste die Hälfte der Kamele, der zweite ein Drittel und der jüngste genau ein Neuntel der Kamele bekommt.«

Als die Söhne das Testament lasen, waren sie ratlos. Sie fragten ihre Freunde um Rat. Diese rieten ihnen, die Kamele zu verkaufen und das Geld nach den angegebenen Verhältnissen aufzuteilen. Ein anderer hielt das Testament für unerfüllbar und daher für wertlos.

Schließlich fanden sie einen weisen Mann,

der zu ihnen sagte: »Das ist doch ganz einfach. Ich werde euch ein Kamel leihen, das ihr zu euren siebzehn dazu nehmt. Dem ältesten gebt ihr die Hälfte von achtzehn Kamelen, also neun. Der zweite bekommt ein Drittel, also sechs. Und der jüngste bekommt ein Neuntel, das sind zwei. Insgesamt sind das siebzehn. Dann nehme ich mein Kamel zurück, und alles ist erledigt.«

So hatten die drei Söhne den besten Ratgeber gefunden und behielten ihn lange bei sich.

AUS ARABIEN

EINE KLEINE GESCHICHTE MIT VIER UNBEKANNTEN PERSONEN

Dies ist eine kleine Geschichte über vier Kollegen namens Jeder, Jemand, Irgendjemand und Niemand.

Es ging darum, eine wichtige Arbeit zu erledigen und Jeder war sicher, dass sich Jemand darum kümmert.

Irgendjemand hätte es tun können, aber Niemand tat es.

Jemand wurde wütend, weil es Jeders Arbeit war.

Jeder dachte, Irgendjemand könnte es machen, aber Niemand wusste, dass Jeder es nicht tun würde.

Schließlich beschuldigte Jeder Jemand, weil Niemand tat, was Irgendjemand hätte tun können.

ZUERST WOLLTE ICH IHR MEIN HERZ SCHENKEN

Zuerst wollte ich ihr mein Herz schenken. Das ist natürlich schon ein wirklich großes Geschenk. Das größte, das man sich vorstellen kann. Ach du je – mein Herz! Wenn ich ihr das schenke, habe ich vielleicht keines mehr. Aber – ich will nicht drum herum reden: Sie ist es wert!

Wer sonst?

Doch wie schenkt man sein Herz? Ich kann es mir ja nicht aus der Brust reißen und ihr in Geschenkpapier eingewickelt mit einer Verbeugung überreichen. Ach so, das ist symbolisch gemeint, das mit dem Herz. Also muss ich etwas Symbolisches finden. Ich könnte Blumen kaufen – den größten und prächtigsten Strauß, den es gibt. Oder ein Buch – ein richtig teures, damit sie sieht, was sie mir wert ist. Oder sie in ein Restaurant einladen – zu einem Sechs-Gänge-Candlelight-Dinner.

Oder ihr einen Gutschein schenken für ein Wellness-Wochenende in diesem supertollen neuen Hotel mit der größten Therme der Welt.

Doch ich liebe sie ja viel mehr. Mehr als einen Karibik-Urlaub, einen Porsche, einen Diamanten. Ja, selbst mehr als eine Reise um die ganze Welt. Alles das würde nicht ausreichen, ihr zu sagen, wie sehr ich sie mag.

Und ich habe ja auch gar nicht sooo viel Geld. Nur ein Herz, das für sie schlägt.

Nur mein Herz.

Es sagt ihr: Ich liebe dich.

Alles, was ich bin, sagt ihr:

Ich liebe dich.

P.S.: Jetzt weiß ich, wie man sein Herz verschenkt.

Man muss es sprechen lassen.

SAMY NURIAN

TEXTNACHWEIS

Daniil Charms: Halt! aus: Die Kunst ist ein Schrank. Aus den Notizbüchern 1924-1940. Aus dem Russischen übersetzt von Peter Urban. © 1992 by Friedenauer Presse Katharina Wagenbach-Wolff, Berlin.

Paul Coelho: Bilanz / Play it again!, aus: Unterwegs – Der Wanderer. Aus dem Brasilianischen übersetzt von Maralde Meyer-Minnemann. © 1998 by Diogenes Verlag, Zürich.

Paul Coelho: Wer will diesen Schein, aus: Sei wie ein Fluß, der still die Nacht durchströmt. Aus dem Brasilianischen übersetzt von Maralde Meyer-Minnemann. © 2006 by Diogenes Verlag, Zürich.

Friedrich Dürrenmatt: Der Brief. Mündlich überliefert von Daniel Keel.

Michael Ende: Ja oder Nein / Die Einladung / Der große Lehrer / Schwäbische Ordnungsliebe. © Dr. Wolf-Dieter von Gronau, Testamentsvollstrecker

THIELE POCKET

Ungekürzte Taschenbuchausgabe, 2021
ISBN 978-3-85179-464-9

Gesamtgestaltung und Satz:
Christina Krutz, Biebesheim am Rhein
Umschlagabbildung: Sarah Wilkins
Druck und Bindung: CPI Books GmbH, Leck
Printed in the EU

www.thiele-verlag.com